_____ 에게

엄마라서
반짝이는 순간들

사랑해 아니요군

노인경 지음

이봄

엄마. 이거 뭐야? 　　　 물이잖아.

아니야. 주스야. 　　　 아루야. 그거 물인데.

아니야.

아루야. 이거 주스지? 아니야. 그거 물이야.
엄만 그것도 몰라?

아루는 왜 '아니'라고만 할까?

널 닮아서겠지. 내가 무슨 말만 하면 늘 '아니'라고 하잖아.

그건! 난 새로운 걸 받아들이는 데 시간이 걸리니까 그렇지. 미리 마음의 준비도 해야 하고, 겁도 나니까.

아니, 내가 보기엔 딱 너야.
너는 뭐든지 의심하잖아.
'믿지 말고, 복종하지 말라'며.
그 말에 영향을 받은 거야.
확실해!

진정해.
그냥 우리 둘다
안 닮은 걸로 하자.

다니엘레

밖에선 까칠, 집에선 다정한 이탈리아 남자.
아루의 어떤 질문에도 성실히 답하는 지식인.
1개월된 아루에게 점, 선, 면을 그려주며 기하학과 조화를 논하는 사람.
아루가 자신의 첫번째 아이가 아닌 것처럼 '아빠'에 능숙한 사람.
아루에게 매일 비밀편지 한 통을 보내는 로맨티스트 (내가 그래서 넘어갔지...에휴).

아루

무엇이든지 거꾸로 답하는 아이, 일명 '아니요'균.
반항은 인간의 본능임을 알려줄 아이. 그럼에도 밖에 나가면 부끄럼쟁이로 변신.
"처음부터 친한 척하지 마세요. 시간이 필요해요."

인경

생각도 많고 걱정도 많고, 공상도 자주 하는 여자.
생명을 처음 키워보는 초보 엄마.
쉽게 감동받고, 쉽게 흥분하고, 쉽게 반성하는 사람.
반짝이는 순간을 모으는 수집가.

아루와의 첫 만남

2014년 초겨울에 아루가 찾아왔어요.

에고에고

무겁다

아루는 10개월 동안 무럭무럭 자랐어요.

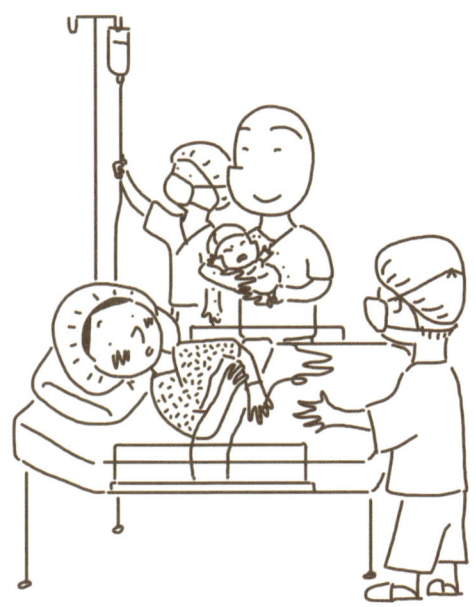

2015년 7월 17일

아루의 얼굴을 처음 보았어요.

나는 멍했고, 아루는 울었고, 다니엘레는 웃었어요.

11

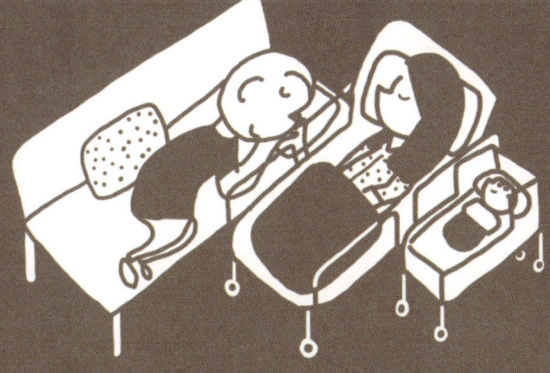

아루를 만나고 나서
엄마는 말이야

쪽쪽

태어난 날부터 아루는 어디서 배운 것처럼
찌찌를 빨기 시작했어요.
나는 무척 당황스럽고 이상한 기분이 들었어요.

아루가 또 울어요.
짜지찌 말고는 달랠 방법이 없어요.
짜지찌를 뺀 나는 너무 딱딱한가봐요.

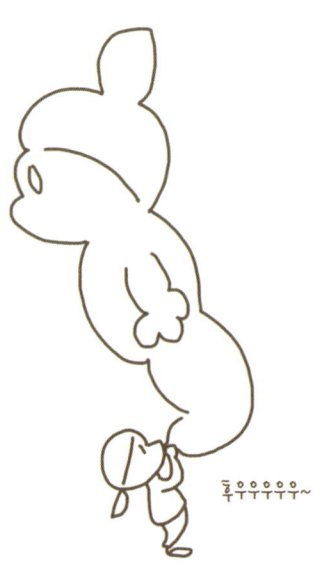
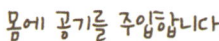
후우우우우우~

몸에 공기를 주입합니다.

천천히, 부드럽게,
조심조심 아이를 안습니다.
편안히 잠들기를 바랍니다.

아이 덕에 처음으로   말랑말랑한 인간이 되어봅니다.

아루와 함께 아빠는 말이야

다니엘레는 이유식을 만듭니다.
다니엘레는 이탈리아 사람이니까 이유식도 이탈리아식입니다.
각종 야채와 익힌 소고기 안심을 믹서기로 갈아놓은 다음에
파르미지아노 치즈 가루를 넣어줍니다.
당근 이유식에도 파르미지아노, 감자 이유식에도 파르미지아노,
감자 + 소고기 이유식에도 파르미지아노, 브로콜리 이유식에도 역시 파르미지아노.

일주일치를 만들어 냉동보관 후 해동시켜 먹입니다.
아루는 이유식이 따뜻해지는 시간을 좋아합니다.
다니엘레는 그런 아루 옆에 있는 시간을 좋아합니다.

인경과 다니엘레의
노 + 프라이버시

공유하고 싶지 않은 순간도 있습니다.

하지만 이렇게 되었습니다.

다니엘레는 여전히 프라이버시를 지키고 있습니다.

아루와 목욕할 때 꼭 팬티를 입습니다.

"아루가 나의 벗은 몸을 보지 않을 권리를 지켜주고 싶어."

나는 이제 부끄러움을 상실해버렸습니다.
꼭 쥐고 있던 나를 놓아버린 느낌입니다.

열이 나는 밤

아루가 처음으로 뜨겁습니다.
다니엘레에게 전화를 합니다.

눈 좀 붙여.
괜찮아질 거야.   장이 오냐?

인경의 걱정가방

아루와의 첫 외출입니다.
갑자기 울면 어떡하지? 울음을 안 멈추면 어떡하지?
똥폭탄에 옷이 다 젖으면 어떡하지?
잠깐 옷 벗겼다 감기 걸리면 어떡하지?
가방 속엔 걱정거리로 가득합니다.

인경! 별일 없을 거야.

괜찮을 거야.

다니엘레의 응원을 받으니
걱정이 조금 줄어듭니다.

해님이 이끄는 대로
걷습니다.

다리가 아프면 해님에 기대
잠깐 쉬어갑니다.

해님의 온기를 담아 집으로 돌아옵니다.

띵동!
자 받아. 오늘의 햇살! 따뜻하지?

낮에는 원플러스원

에고에고 힘들다...

쿨쿨

밤에는 혼자

아루가 잠든 밤엔 그림을 그려요.
나와 아루를 그려요. 아루와 다니엘레를 그려요.
우리의 낮과 밤을 자세히 봐요. 단순하고 반복되는 날들의 차이를 발견해요.
우리의 이야기를 기록해요.

시작하며

우리가
반짝이는 순간

잠에서 깬 작고 부드러운 아루를 안습니다.

"고소한 냄새가 나."

"안지 마!"

아루는 미꾸라지처럼 빠져나가 베란다로 향합니다. 장 가방을 들고 와 물건들을 넣고, 갑자기 이사를 간다고 합니다.

"아직 눈곱도 안 뗐는데? 어디로 가?"

"이탈리아 마리아 할머니 집으로 이사가."

접어놓은 종이비행기, 비타민 사탕, 침대를 잊어버리지 말라며 당부합니다. 그러다 갑자기 아빠가 보고 싶다며 웁니다. 지난밤 없던 아빠가 침대 위에서 자고 있습니다. 아루가 그 위로 뛰어듭니다. 아빠가 "아야야" 소리치면 아루는 "까르르" 웃습니다. 방금 전 이사와 눈물은 잊은 지 오래입니다. 시간과 공간을 초월하는 아이의 모습에 웃음이 납니다.

아이는 모든 것의 입을 찾아내 대화하고, 문을 찾아내 들어갑니다. 나 역시 느슨하고 가벼운 마음으로 따라가봅니다. 그곳에서 만난, 반짝이던 순간을 이 책에 담았습니다. 36개월 동안의 이야기를 당신께 보냅니다. 당신의 순간들이 반짝이길 바라봅니다.

2019년 9월 아루의 단짝, 인경

시작하며

32 **우리가 반짝이는 순간**

| 1장 | 너에게 보여주고 싶은 | 2장 | 아루가 엄마에게 |
| | 엄마의 마음 | | 하고 싶은 말 |

36 **너에게만은 늘 깨어 있어**
56 ⋯▶ 아루야, 잘 잤니?

82 **천천히 친해지고 싶어**
102 ⋯▶ 빨리 친해지고 싶은 친구도 있어

64 **나는 너의 영원한 친구야**
78 ⋯▶ 나는 너의 술래

108 **엄마에게 시간을 줄게**
122 ⋯▶ 오싹오싹 안녕!

3장	우리니까 할 수 있는 말

126 **잘했어**
142 ⋯▶ 엄마처럼 나도 해결사!

144 **엄마 호-는 약호-**
170 ⋯▶ 아루 농도 약농

4장	엄마가 나고, 내가 엄마야

174 **엄마가 바닥에 딱 붙었어요**
184 ⋯▶ 엄마처럼 될래

186 **엄마는 괴물이야!**
210 ⋯▶ 엄마랑 나랑 둘이

마치며
218 **아니요균을 부탁해**
222 **우리의 노래 랄랄라**

너에게 보여주고 싶은
엄마의 마음

첫번째 순간

너에게만은
늘 깨어 있어

많이 놀았지?
푹 자고 내일 또 놀자.

물 (목 말라요)

쉬
(오줌 마려워요)

에디

(비타민C 주세요)

먹고 나서

이 닦을 거야?

노! (싫어요)

그랬지.
수박은 신호등이랑 반대야.
빨간색은 먹고,
초록색은 안 먹어.

꼼멩메 앙앙

(오늘 수박 먹었어요)

야옹 야옹 양 양

(고양이 밥 줬어요)

할머니가 길고양이 길들이면
밖에서 못 살게 된다고
하셨지?

따가가~ 따가가~

따가가가가 따가가가가~

아빠 아빠

(아빠 보고 싶어요)

내일 아침에 일어나면

옆에 계실 거야.

그래 그래.
내일 앞머리 정리해줄게.

노! 아빠 아빠
(아니요. 아빠랑 할래요)

엄마 머리 그만 뜯고 자.

노! (싫어요)

엄마 잔다.
이제 눈도 안 뜨고 입도 안 열 거야.

궁시렁
오린지
크롱
우웨

암앙

얼쑤

꽥꽥

누나

놀자

오예

궁시렁

궁시렁

궁시렁

·································· 쿨쿨

아루야, 잘 잤니?

아루야, 내 생각엔 말이야.

비우면
다시 채울 수 있고,

서로 다른 것이 만나면
새로운 게 생겨.

꾸준히 파면 뭐라도 찾을 수 있고,

작은 돌멩이라도 커다란 파문을 일으키지.

오르고 싶으면 오르고,

다 오르고 나면 신나게 내려와.

궁금하면 어디든 들어가고,

알고 싶으면 무엇이든 두드려.

네 맘껏 즐기다가,

힘들면 잠깐 쉬어도 괜찮아.

하고 싶은 게 있으면 끝까지 해보고.

실패는 금방 잊어.

어둠이 지나면 빛이 오고,
빛이 가면 어둠이 온단다.

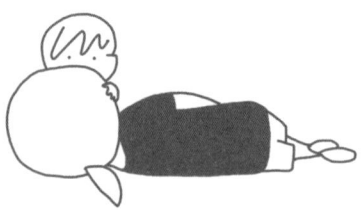

어둠이 오면 조용해질 거야.

눈을 감아봐. 오늘이 가만히 저물지.

그렇게 잠들어. 쿨쿨.

너에게 보여주고 싶은
엄마의 마음

두번째 순간

나는 너의 영원한 친구야

엄마!
숨바꼭질하자!

후다닥~

엄마 나가 있을게.

아니야. 그냥 있어. 다 숨었어.

엄마 아무것도 못 봤어.

우리 아루가

어디 숨어 있을까?

이불 속에 있나? 아니

옷장 속에 있나? 아니

의자 밑에 있나? 아니

가방 속에? 아니

책 속에? 아니

액자 속에? 아니

기차 속에? 아니

필통 속에? 아니

풍선 속에? ㄱㄲㄱ

아하 양말 속에? 아니이이이

그럼 천장 속에? 아니

벽 속에? 아니

창문 밖에 숨었나? 아니

여기
여기
여기
여기
여기
여기 여기
여기
여―

아무데도 없네.
그만 나가야겠어.

여기 여기

터벅터벅.

무슨 소리가

들리는 것 같은데.

여기이이

아니네.

아무 소리도 안 들리네.

엄마. 또 숨을까?

그래.

우리 아루가
어디 숨어 있을까?

X 무한반복

엄마 나 숨었어.
찾아봐라~

나는 너의 술래

나는 너의 믿을 만한 손잡이,

어디서든 닫히는 커튼,

책 읽어주는 의자야.

나는 너의 오를 만한 사다리,

움직이는 길,

잠이 오는 베개,

허리 아픈 침대야.

나는 너의 소리치는 비스킷,

멋 부린 손수건,

함께 웃는 거울,

감동하는 박수야.

나는 너의 영원한 둥지야.

아루가 엄마에게
하고 싶은 말

―――――――――
세번째 순간
―――――――――

천천히
친해지고 싶어

안녕~

육아방에 갔어요.
처음 보는 아이가 다가와 인사해요.

아루가 갑자기
바닥에 누워버립니다.

괜찮아?

응.

집에 가서 잘까?

아니.
이제 안 졸려. 놀래.

아루가 레고를 합니다.

그 아이는 비행기를 날립니다.

아루는 자동차를 줄 세웁니다.

그 아이는 유니콘을 탑니다.

아루는 청소기를 돌립니다.

그 아이는 미끄럼을 탑니다.

아루와 그 아이가

자동차 로봇을 가지고 놉니다.

엄마.
로봇 만들어줘.

엄마도
어떻게 하는지
잘 모르겠어.

고마워.

아루가 스윽 다가가
자동차를 로봇으로 변신시킵니다.

집에 돌아갈 시간입니다.
아루는 헤어지며 인사합니다.

안녕.

안녕.

그 아이도 인사합니다.

빨리 친해지고
싶은 친구도 있어

아빠, 개구리 친구가 있으면 좋겠어.

왜?

저기.

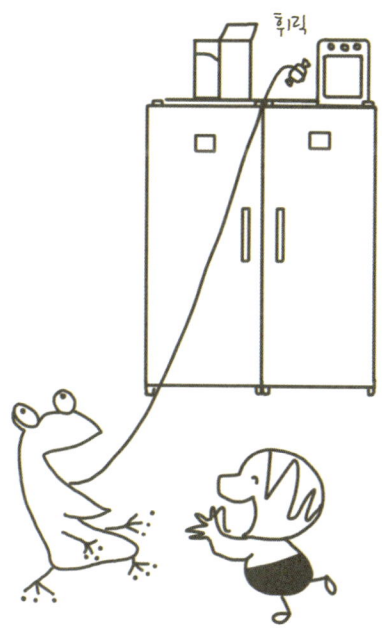

엄마가 냉장고 위에

숨겨둔 젤리를 꺼낼 수 있으니까.

엄마! 나는 나쁜 애들이 좋아.

나쁜 애들?   이빨 뾰족한 애들 말이야.

엄마. 나는 나중에 크면
나쁜 애들하고만 놀거야.

음 -
대신 천천히 친해지렴.

아루가 엄마에게
하고 싶은 말

―――――― 네번째 순간 ――――――

엄마에게
시간을 줄게

멍멍!!
큰 개가 다가옵니다.
주춤주춤.

심장이 쿵쾅쿵쾅

엄마
왜 안 와?

사실 엄마는
개랑 고양이를
무서워해.

괜찮아. 무서워할 필요 없어.
멍멍은 안녕이고, 야옹야옹은 안녕안녕이야.

하지만 커다란 안녕엔
여전히 놀라고 맙니다.

살금 슈욱- 안녕엔
꽈당! 하고 맙니다.

아 창피해라~   괜찮아~

엄마한테　　　　　응. 줄게.

시간을 조금 더 줄래?　　많-이 줄게.

고마워. 엄마, 놀이터 갈까?

조심히 가.
천천히 가.

오싹오싹 안녕!

엄마, 여기 바지 있어.

바지?

아니, 바지! 그래, 아후 바지.

아니! 바지! 아아. 박쥐!

응! 박쥐!

엄마 봐봐.

있잖아.

저기 아래 해골도 있어.

우리니까
할 수 있는 말

다섯번째 순간

잘했어

엄마.
달걀 먹을래.

지금 먹을래.

익혀야 먹지.

아니, 지금 먹을래!

지금!

기다려!

지금!

어디 보자...

지금!

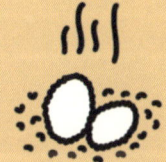

보글보글 달걀이 춤을 추네.

껍질에 금이 갔어!

휴우~

다 깠어. 이제 먹어.

안 먹을래. 왜?

달걀이 너무 커.

엄마한테 좋은 생각이 있어.
샥샥 두 번 자르는 거야.
그럼 네 조각이 되지.

짠! 작아졌지. 오! 짝짝짝짝.

노른자도 보이지? 우와.

엄마가 요리할 때,

아루는 대부분 엄마 옆에 있습니다.

발 위에 있거나,

바지를 내리거나,

엄마 위에 있거나,

소리를 지릅니다.

그런데 이상합니다. 아루가 조용합니다.

왜 이렇게 했어?

우리집에는 얼룩말이 없잖아.
그래서 내가 얼룩말을 만든 거야!
잘했지?

우리니까
할 수 있는 말

여섯번째 순간

엄마 호-는
약호-

엄마 손은 약손

엄마 손은 약손

손 아파. 호 해줘.

발 아파.

호 해줘!

더 세게!

더 오래!

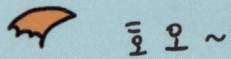

163

쿵

엄마, 공룡 젤리 먹을까? 그거 먹고 싶어서
그거 먹으면 안 아파. 아프다고 한 거야?

두 개 먹을까?   아니 하나.

엄마 이제 안 아파.
하나도 안 아파.

오랜만의 약속에 거울을 봅니다.

아......

집으로 돌아가는 길

안경 벗고, 굽 신으면
조금 나을 거야.

그냥 편하게 나갈걸.
괜히 멋은 부려가지고.

집에 돌아와
소파 위에 쓰러집니다.

아루가 발을 조몰락거리더니
스타킹을 잡아당깁니다.
쭈욱~

아무 덕에 롱다리가 되었습니다.
길어진 다리를 보고 한참을 웃었습니다.
기분이 한결 나아졌습니다.

엄마가 나고,
내가 엄마야

_____
일곱번째 순간
_____

엄마가 바닥에 딱 붙었어요

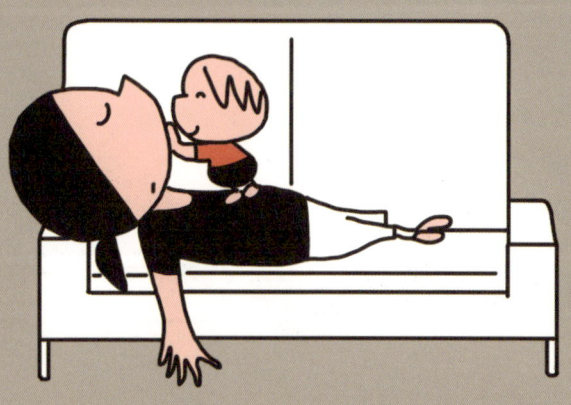

아빠, 나도 엄마처럼 벽에 붙고 싶어.

엄마는 바닥에 붙어 있는 걸 좋아하는데...

여기 여기

붙여줘! 테이프!

안 붙잖아. 이상해.   이제 붙겠지.   또 안 붙네.
                                    이상해. 이상해.

아루 이제 붙었지? 응. 멋져! 엄마 같아.

엄마가 나고,
내가 엄마야

여덟번째 순간

엄마는
괴물이야!

나는 커다란 사랑과 살아요.

커다란 사람은 나에게 잘해줘요.

그런데 화가 나면

무섭게 변해요.

그날도 손에 잡힌 걸
어떻게 해야 할지 몰라 던졌는데,
커다란 사람이 맞고 말았어요.

커다란 사람은 무섭게 변해
코고 이상한 소리를 지르더니,

나를 들고, 내 방으로 들어가

방에 혼자 있어!

나를 침대 위에 던지고,
문을 닫아버렸어요.

아무리 문을 열려고 해도 열리지 않았어요.
커다란 사람이 밖에서 문을 잡고 있었거든요.

얼마 후 커다란 사람은

화가 풀렸는지 문을 열어줬어요.

그리고 나를 안았어요.

물건 던지면 안 돼. 네가 잘못한 거야.

오늘은 커다란 사람의 말을 잘 들어야 해서
저녁밥을 빨리 먹고, 이도 혼자 닦았어요.

커다란 사랑이 무서웠지만 혼자 자는 게 더 무서워서 커다란 사랑을 안고 잤어요.

아침이 됐어요.
커다란 사람이 나에게 물어보지도 않고
요거트에 초코 과자를 섞어버렸어요.

커다란 사람은

조용히 방으로 들어갔어요.

나는 요거트를 다 먹고, 하나 더 먹고 싶어서

커다란 사람을 불렀어요.

왜 안 나와?
나는 문을 열고 방으로 들어갔어요.

커다란 사람이 울고 있었어요.
어제 소리 지르고 방에 가둬서 미안해.

이젠 무서워지지마.
나도 물건 던지고 소리 질러서 미안해.

커다란 사람과 나는 밖으로 나와

초코 과자 요거트를 먹었어요. 맛있었어요.

엄마랑 나랑 둘이

엄마, 이 책 빌리자! 이 책도!

책이 너무 많네. 무겁겠어...

걱정 마!

같이 들고 가면 되잖아.

213

마치며

아니요균을
부탁해

우리가 몸으로 대화하던 시절이 지나가고 있습니다. 엄마 몸의 한 곳이라도 닿아 있어야 안정되었던 아루는 조금씩 홀로서기를 하고 있습니다. 엄마의 찌찌와 쿨하게 이별했고, 기저귀를 편안히 떼고, 혼자 응아를 합니다. 나의 몸은 한결 가벼워졌지만, 서로를 꼭 안고 있던 그때의 온기가 벌써 그립습니다.

아이와 말로 대화할 날들을 기대하며 아가 아루를 보내는 아쉬움을 달래봅니다. 아루는 아빠를 탐구하기 시작했습니다. 아빠 나라의 말, 아빠의 일, 아빠의 공간, 아빠의 모든 것이 궁금합니다. 아빠가 나타나면 엄마를 잊고 아빠에게 달려갑니다. 둘은 서로가 좋습니다. 둘의 시간이 늘어나면서, 걷기 싫어하는 아루를 안고 다니느라 아빠의 다리는 자주 붓습니다. 아빠 겨드랑이 밑의 아루에게서는 아빠의 체취가 가득합니다.

속닥거리던 둘은 둥근 탁자 앞에 앉습니다. 아루는 상상 속 공룡을 그리고 즉석에서 이름을 짓습니다. 아빠는 아루가 발음한 대로 또박또박 종이 위에 이름을 적습니다. 공룡 그림으로 벽을 가득 채우고, 둘은 진지하게 그림을 바라봅니다.

"아빠, 여기는 집이 아니야. 미술관이야." "아루야, 친구들

초대할까? 케이크랑 사탕 만들어서 여기 오면 나눠주자. 그럼 진짜 멋진 미술관이 되겠어."

둘은 부엌으로 들어가 케이크를 만듭니다. 아루는 밀가루와 감자 전분을 아빠에게 가져다줍니다. 정작 친구를 초대할 용기는 없는 아루지만 공룡 미술관의 특별한 케이크를 만들며 신이 났습니다. 둘의 대화를 들으니 웃음이 납니다.

오븐에서 달콤한 향기가 몽실몽실 피어오릅니다. 케이크가 익어가는 모양입니다. 우리 셋은 오븐 앞에서 손을 잡고 공중으로 방방 뛰어오릅니다.

221

우리의 노래

랄랄라

엄마 아루 아빠

멋지다

언제나

힘겹지

쉬어봐

다 함께

오늘도

고마워

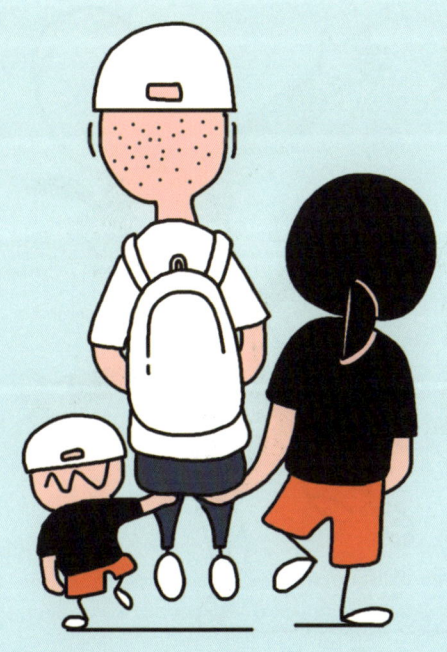

우리도

차차차

차차차

같이 가

기대 봐

랄랄라

랄랄라

사랑해 아니요군

초판 1쇄 발행 2019년 9월 16일
초판 2쇄 발행 2019년 10월 11일

지은이 노인경
펴낸이 고미영

책임편집 고미영
편집 홍성광 이승환
디자인 위앤드
마케팅 정민호 박보람 나해진
　　　 최원석 우상욱
홍보 김희숙 김상만 오혜림 지문희 우상희
제작 강신은 김동욱 임현식
제작처 미광원색사(인쇄) 신안문화사(제본)

펴낸곳 (주)이봄
출판등록 2014년 7월 6일 제406-2014-000064호
주소 10881 경기도 파주시 회동길 210
전자우편 yibom@yibombook.com
팩스 031-955-8855
문의전화 031-955-1909

ISBN 979-11-88451-57-9 07810

• 이 책의 판권은 지은이와 (주)이봄에 있습니다.
　이 책의 내용의 전부 또는 일부를 재사용하려면 반드시 양측의 서면 동의를 받아야 합니다.

• 이 도서의 국립중앙도서관 출판시도서목록(CIP)은 서지정보유통지원시스템 홈페이지
　(http://seoji.nl.go.kr)와 국가자료공동목록시스템(http://www.nl.go.kr/kolisnet)에서
　이용하실 수 있습니다. (CIP 제어번호: CIP2019033260)

• 잘못된 책은 구입하신 곳에서 바꿀 수 있습니다.

 springtenten　　　yibom_publishers